Avus Meus

Alexis Gilon

Avus Meus

Alexis Gilon

~ À Christian Gilon ~

Mentions légales

© Alexis Gilon 2022
Édition : BoD – Books on Demand, info@bod.fr
Impression : BoD – Books on Demand, In de Tarpen 42,
Norderstedt (Allemagne)
Impression à la demande
ISBN : 978-2-3224-0692-0
Dépôt légal : Mai 2022

Sommaire

Sommaire   8

Avant-propos   10

Souvenirs de famille   13
   Souvenirs d'une femme   14
   Souvenirs d'une fille   16
   Souvenir d'un petit fils   20

Recueil   22
   Onze septembre   23
   Petit frère   24
   La pelouse   26
   Un bout de fromage   28
   Ma batterie   29
   Fenêtre sur la cour   30
   Adieu, Monsieur le professeur   32
   Une fille, une mère   34
   Ce soir, c'est match   36
   "Ça reste entre nous"   38
   Sage m'en d'août   40
   Caravane   41
   En cuisine   42
   Se dire qu'on   44
   Tant de choses   46

"Oh putain"	48
Une glace qui coupe	50
Ta chaîne	52
Trois mars	54
Et après ?	56
Lettre à la vie	**59**
Remerciements	**61**
Du même auteur	**62**

Avant-propos

Nous sommes lundi douze mars deux mille dix-huit, il est environ quatorze heures trente, au crématorium le maître de cérémonie laisse son pupitre à celle qui m'a donné la vie. L'émotion se ressent sur son visage, elle tient plusieurs feuilles dans les mains et un teint rouge envahit sa peau. Elle prend la parole et annonce la lecture d'un poème :

> *Tu m'as appris l'humour et la dignité*
> *Le respect, l'amour, l'appétit, l'amitié.*
> *Tu m'as appris à marcher droit*
> *Courir, nager, pour faire comme toi.*
> *Tu m'as donné tous mes repères*
> *Toujours fier d'être mon grand-père.*
> *Tu étais mon superhéros*
> *Celui qu'on appelle au secours*
> *Celui dont je garde des photos*
> *Qui a mes yeux incarne l'amour*
> *Alors je veux dire ce que je ressens*
> *Même si c'est dur et émouvant*
> *Tu sais que pour moi c'est compliqué,*
> *Je te l'ai d'ailleurs rarement dit*
> *Mais si j'ai le sourire, Papy*
> *C'est que je ne cesse de t'aimer.*

Ce texte est celui que j'ai écrit le neuf mars, entre onze heures vingt et une et onze heures trente-six, le cri du cœur d'un petit-fils qu'une mère lisait à quelques mètres du cercueil de son propre père devant une salle comble.

L'émotion était palpable dans l'assemblée, mais ce n'était pas de la fierté qui m'envahissait, ce n'était pas de la tristesse non plus, c'était un énervement, une rage, une haine. Ce qui venait de me bousculer était la colère de n'avoir jamais témoigné à mon grand-père toute l'estime que je lui portais. Ce jour-là, je me suis promis de remédier à cela par tous les moyens possibles.

C'est ainsi que ce livre a vu le jour : l'amour d'un petit-fils pour son héros disparu trop tôt ; le témoignage de cette affection, de cette inspiration, de cette image et de ces valeurs qu'il m'a offertes.

Souvenirs de famille

En préparant cet humble ouvrage, je voulais non seulement offrir la possibilité au monde de découvrir mon attachement à mon grand-père, ce qui le justifie, mais aussi ce que d'autres peuvent en penser. Je vous propose alors, avant d'entamer la lecture du recueil écrit en son honneur, que trois personnes proches de Christian Gilon vous en décrivent leur souvenir le plus marquant, ce qu'ils souhaitent témoigner au monde, ce qu'ils espèrent voir gravé sur ces quelques pages. J'ai demandé à Yvette, sa femme, Sandrine, sa fille, et Jérémy son autre petit-fils de rédiger, chacun, ce qu'ils souhaitent pouvoir dire, ce qu'ils aimeraient raconter, ce dont ils se souviennent lorsqu'on évoque le nom de mon grand-père.

Je vous ouvre alors la porte vers la mémoire de ces temps, quelques mots bien choisis pour aborder le passé d'un homme discret, authentique et ô combien important pour nous quatre !

Souvenirs d'une femme

« Ce samedi 13 juin 1970, je dis "oui" à la mairie, je réitère mon "oui" à l'église. Oui pour la vie. Mon statut identitaire passe de mademoiselle Cadoret Yvette à madame Gilon. Nous l'avions décidé : un départ en catimini de la salle des festivités pour profiter au plus tôt de notre nid et notre première nuit de mari et épouse.

Le meilleur instant, le sublime, l'inoubliable, le plus beau fut notre entrée dans notre appartement. Christian a ouvert la porte. Il m'a levée de terre pour me prendre et porter dans ses bras, bien embarrassé par tous les jupons ; en franchissant le seuil, m'a susurré "entre, tu es ma femme, et nous sommes chez nous".

C'est cet instant, photographié sur une pellicule indélébile par ma mémoire, qui a contresigné l'engagement que nous venions de prendre : être mari et femme, s'aimer, se respecter.

Cet instant n'a bien évidemment pas été enregistré ni éternisé sur papier puisque nous n'étions que tous les deux, mais il a pris place, pour y séjourner à jamais, dans ma mémoire.

Y penser me renvoie systématiquement la photo de Christian, transformé en épouvantail juponné d'une robe blanche. Je n'y vois pas son costume de marié. Je ne vois que moi dans ses bras et ma robe dont les plis de dentelle tombent au sol.

C'est l'image qui reflète le bonheur de notre union. Une mariée dans les bras de son mari. Pendant quarante-sept ans et deux cent quarante-cinq jours j'ai eu le même bonheur à me souvenir de cette image. »

Yvette

Souvenirs d'une fille

« J'ai 9 ans, il a franchi le pas. Mon héros devient prof contre toute attente et malgré toutes ses angoisses.

Il a peur de ne pas tenir un groupe, il a peur de ne pas transmettre ce savoir qui le fait vibrer, pour lequel il excelle. Il a peur de faire des erreurs d'orthographe alors avec Maman, nous lui relisons tous ses cours, nous l'aidons à réviser les règles d'orthographe laissées dans un coin de sa tête.

Il va désormais exercer le métier que je souhaite moi-même exercer alors que je n'ai que 9 ans. Je serai instit, c'est sûr, ou prof.

Mais ce n'est pas le plus beau jour de ma vie pour cette unique raison, à partir de ce jour je découvre mon père que je ne connais que le week-end, car ses horaires jusqu'à présent sont trop contraignants pour une enfant de mon âge.

La semaine, il part tôt et rentre tard, il part quand je dors encore et rentre quand je dors déjà. Il travaille chez Hédiard, épicerie de luxe en région parisienne, mais qui me vole mon papa tous les matins à 4 h, je crois.

Cette nouvelle vie s'offre à nous comme un havre de paix, comme la naissance d'une relation. Celle d'une complicité sans failles (ou presque), celle d'un père omniprésent qui aime son enfant comme tous les parents doivent aimer leur enfant : par-dessus tout.

Je partage désormais des choses avec mon père au quotidien. Il est présent le soir dès ma sortie de l'école puis du collège, il me fait faire mes devoirs, vérifie que je connais mes poésies et que j'apprends mes leçons d'allemand. Il n'en comprend pas un seul mot mais il sent que j'ai un appétit pour cette langue et met tout son cœur à me la faire travailler. Il défend les profs et me dispute quand je suis en conflit avec un enseignant.

Puis arrive la fin d'une année scolaire, je ne sais plus laquelle, mais Maman travaille encore dans le secteur privé, elle n'a pas les mêmes vacances que nous.
Cette année-là, j'ai fini plus tôt que les autres années et lui aussi ! Alors le calendrier est encore sur la page du mois de juin que nous préparons les bagages.

On y va… tous les deux, Maman nous rejoindra. Il est fier de pouvoir partir en vacances au mois de juin et surtout d'y rester jusqu'en août. Moi je suis heureuse d'avoir cette chance de partir longtemps en vacances, mes copines ne partent pas ou parfois qu'une semaine.

Voiture chargée, il est cinq heures du matin, il prend le volant, me réveille tendrement et nous embrassons Maman. Nous roulons jusqu'à ce lieu de vacances qui est notre paradis : Montalivet.

Le rituel de l'arrivée s'impose mais la suite est délicieuse. Il fait très chaud.

En arrivant, il faut mettre le frigo en route, c'est parfois musclé, car les araignées se sont installées durant notre absence. Il faut se mettre à quatre pattes et bien attendre que la flamme se stabilise. Ce jour-là, fièrement, il y arrive du premier coup. Il met au frais ce que nous avions dans la glacière en voiture et me propose un bain à l'océan.

Il sait nager mieux que n'importe qui, n'a pas peur et me communique cette passion de l'eau.

Alors comme deux gamins, nous quittons le mobil-home qu'il a nommé Chichoune car c'est mon surnom, pour aller plage 1.

Arrivés en haut de la dune, nous lâchons les serviettes et courons : plus rien ne compte autour de nous, nous approchons notre rêve d'un an : être dans l'eau ensemble et sauter dans ces immenses rouleaux, ceux qui font si peur à Maman.

Elle est froide, elle bouge beaucoup, il se veut à la fois protecteur et joueur.

Nous y resterons une heure au moins, puis il faut remonter car rien n'est prêt, la valise est pleine de nos bagages laissés là pour vivre le meilleur d'une arrivée à Montalivet.
Nous revenons au mobil-home et constatons qu'en vidant la glacière il a oublié la plaquette de beurre au-dessus. Le beurre est devenu huile ! Il rit aux éclats et me propose d'y retourner ! Beurre fondu, fichu… nous

y retournons avec la même insouciance et profitons de cet océan que nous aimons tant.

Tant que nous irons tous les deux, ce rituel se prolongera : aller à l'eau le plus vite possible après notre arrivée.

Depuis que j'ai 9 ans, je sais ce que veut dire partager des vacances avec ses parents, des souvenirs avant 9 ans avec Papa ? Je n'en ai pas en ce qui concerne les vacances et peu pour ce qui est de la vie quotidienne.

Aujourd'hui, j'ai transmis cette passion de l'océan à mes fils, j'ai eu la chance de pouvoir leur offrir ses vacances de rêve comme l'a toujours dit Papa.

L'eau, élément naturel parfois dangereux mais qui m'aura toujours unie à ceux que j'aime. »

Sandrine

Souvenir d'un petit fils

« Je me souviens de ces soirées. Nous regardions la télé, que ce soit du catch, du football ou autre chose, on regardait dès qu'il y avait quelque chose. On finissait de manger et on s'installait sur le canapé. En réalité, je n'y étais pas, Papy était en plein milieu et Alexis sur le côté. Moi j'étais assis par terre, je trouvais ça plus confortable.

Lorsque c'était du catch, nous regardions ces monstres pleins de muscles détruire leurs adversaires à la chaîne. Avec mon frère, on regardait bien comment ils faisaient pour reproduire ensuite. Chacun avait son personnage préféré, et à chaque fois c'est celui de mon frère qui gagnait.

D'autres soirs c'était du foot, je ne comprenais pas grand-chose avant, mais j'aimais bien regarder quand même. Lorsqu'il y avait une faute, on râlait tous, quand il y avait un but aussi, du moins quand c'était l'équipe adverse qui marquait.

Je me souviens aussi de ces petits chocolats ou bonbons que l'on mangeait à foison. Mamy était presque obligée d'acheter des sachets tous les jours. Ces moments-là sont gravés et le resteront toute ma vie dans ma tête.

Ce sont les seuls souvenirs qu'il me reste de mon grand-père... »

Jérémy

Recueil

Je suis ravi d'être à l'initiative de ce recueil, pour autant, je ne suis pas certain d'être très doué pour raconter une histoire. Alors j'ai fait le choix de vous livrer les miens sous forme d'une vingtaine de poèmes, chacun relié à un souvenir différent. Pour ne pas laisser celui qui ne me connaît pas sans comprendre, j'ai joint à chaque poème un petit commentaire.

> *Ces commentaires sont reconnaissables facilement, ils sont écrits en italique, dans un cadre, comme cette phrase.*

J'espère que vous apprécierez la promenade au cœur de ma mémoire, et que, comme moi, vous ressentirez à quel point cet homme dont je parle mérite d'être érigé en héros, à quel point il mérite cet hommage que nous lui rendons, vous et moi en lisant et écrivant ces quelques lignes. Je joindrai certainement quelques images, quelques photos à mes écrits, souvent sans les expliquer, sans les commenter. J'espère que vous me pardonnerez de garder pour moi les secrets qu'il me reste de ces instants magiques.

Bonne lecture.

Onze septembre

Tu m'as tant de fois raconté
Ce jour vécu si fort
Tellement dit, expliqué
Ce qu'il en reste, encore
Ces deux tours effondrées
Et la panique dehors
Tu suivais à la télé
L'enfer du décor
Moi j'écoutais, apeuré :
Que pouvait être mon sort ?
Je découvrais sans pitié
Du terrorisme l'essor
J'espérais pouvoir lutter
Savoir apporter mon renfort
Mais seuls tes genoux ridés
Faisaient mon réconfort.

Je me souviens de tous ces jours où mon grand-père me racontait sa mémoire des attentats du onze septembre. Cela semblait être pour lui comme une gigantesque tragédie qui le bouleversait à chaque fois. Enfant je ne comprenais pas vraiment pourquoi cet événement à l'autre bout du monde pouvait le toucher autant, mais j'étais apeuré par l'angoisse qu'il dégageait lorsqu'il en parlait. Je me souviens de ses mains, posées sur ses genoux, tremblantes et de ses yeux qui regardaient ailleurs. C'était poignant.

Petit frère

La vie, malgré elle, m'a offert
Ce cadeau qu'on comprend plus tard
Cinq ans après ton premier regard
J'ai découvert celui d'un petit frère

Il enchaînait cascades et galipettes
Sur le petit canapé du salon
Je voulais une sœur, pas un garçon
Encore moins un casse-cou, plutôt un poète,

Mais on s'est trouvé un point commun
Et on en trouve encore aujourd'hui
Ce sont les petits coups que la vie
Nous assène, le long du chemin

Je n'avais pas bien compris mon rôle
Je n'étais plus enfant, mais grand-frère
Et puis j'ai compris comment faire
Quand tu m'as pris sur tes épaules

Je n'avais plus qu'à faire pareil
Lui offrir ce dont j'avais rêvé
Construire spectacles et joyeusetés
Pour animer les jours sans soleil

Finalement, j'ai appris du destin
À devenir un meilleur grand-frère
En étant moi-même petit frère :
Le tien.

Lorsque mon petit frère est né, le dix-neuf avril deux mille trois, j'ai été profondément déçu de ne pas avoir la chance d'être le grand-frère d'une petite sœur. Avec le temps, j'ai appris à apprécier ce que la vie avait choisi, et je crois que le regard de grand-frère que mon grand-père avait sur moi m'a permis de découvrir comment être moi-même meilleur avec Jérémy. Il m'a suffi de copier celui qui était mon grand-frère à moi, pour devenir celui que je voulais être pour mon frère, que je ne me suis pas gardé d'appeler "minus" et d'embêter pour autant, mais cela fait partie du jeu…

La pelouse

Le temps fait taire les désaccords
Mais celui-ci a bien duré
Nous nous le racontons encore
Comme pour ne jamais oublier

Cet égarement sur la pelouse
Qui a causé votre éloignement
A fait que longtemps je jalouse
La vie de ne pas être autrement

Entre grands-parents et géniteur
Une guerre était lancée, éternelle
Que l'on a subie chaque Chandeleur
Chaque anniversaire, et chaque Noël

Vous étiez tous un peu fautifs
Et nous bloqués par cela
Vous auriez pu ranger les griffes
En pensant aux enfants laissés là

Trop grande était la blessure
Tu agissais en tant qu'humain
Et comme l'a montré le futur
Mon géniteur ne valait rien.

Mon géniteur et mes grands-parents ne pouvaient pas se fréquenter. J'avoue ne jamais avoir bien compris pourquoi, mais je retiens cette histoire de pelouse sans trop avoir compris ce qui s'était passé ce jour-là. Je sais simplement que j'ai fait quelque chose que mon grand-père ou mon géniteur m'avait interdit, et que ce dernier n'a pas réagi tel que l'autre l'aurait souhaité. S'en est suivi une dispute qui a duré jusqu'à la séparation de mes parents. En deux mille douze, pour les quarante ans de ma chère maman, j'avais réussi à les rassembler dans la même pièce, espérant les voir commémorer ensemble une personne que l'on aimait tous. Cela n'a pas réussi, la soirée s'est mal passée entre eux, c'était invivable. J'ai souvent, en silence, porté le poids de cette dispute, retenant que j'étais celui qui avait marché sur cette pelouse, engendrant tout ce qui en a suivi. Et puis un jour, j'ai compris, j'ai compris que mes grands-parents reprochaient bien plus que cela à celui qui blessait sa propre famille. J'ai alors cessé de porter les stigmates de ce désaccord et j'ai attendu que ma mère trouve le courage de se séparer de celui qu'elle avait choisi vingt ans plus tôt.

Un bout de fromage

Certains midis, après le repas
Je fuyais vers tes genoux
Pour te chiper, pourquoi pas
Un peu de fromage, juste un bout.

Tu répondais toujours présent
Tu m'attendais, même, je crois
Le camembert entre les dents
Et je riais aux éclats

Une complicité sans failles
Liaient nos esprits amusés
Coûte que coûte, vaille que vaille
Malgré ce bout de fromage volé.

> *Je me souviens de tant de jours où je profitais de la proximité de nos deux maisons pour me joindre à mes grands-parents à l'heure du dessert. Je crois que l'heure à laquelle j'arrivais était souvent l'heure du dessert, même si ce n'était pas vraiment le cas... Et je piquais ce bout de camembert à mon grand-père. C'est une image marquante, le début de mon attachement à la cuisine et à la nourriture.*

Ma batterie

J'envoyais des *toum* et des *tam*
Dans le sous-sol de ta maison
Des cliquetis de quidam
Qui résonnent sans raison
La caisse claire et les cymbales
Faisaient office de fanfare
Je jouais mon meilleur récital
Faisais mon propre conservatoire
Et tu tolérais mon bruit
Laissais faire ce petit garçon
Qui tapait sur sa batterie
Puis sortait son accordéon

J'envoyais des *tam* et des *toum*
Sans avoir conscience du fatras
Je te voyais jouer du zoom
Pour immortaliser tout cela
Je ne sais s'il reste des clichés
De cette passion envolée
Mais ils sont à jamais ancrés
Dans ce livre et mes pensées.

J'ai eu, petit, une batterie, un accordéon, tant d'instruments dont je me servais mal. Je faisais du bruit dans le sous-sol de la maison de mes grands-parents, et ça semblait les amuser...

Fenêtre sur la cour

Une fenêtre donne sur la cour
Calfeutrée d'un film trouble
Un grand mur érigé autour
Sert une porte dont je suis le double

J'attrape un caillou sur le sol
Et arme le bras en arrière
Je le lance et, dans son vol,
Il heurte la fenêtre de travers

Une silhouette se dessine, floue
Et ouvre ce qui nous sépare
Un grand sourire sur les joues
Indique son envie de me voir

Je m'empresse de me retourner
Et du jardin de faire le tour
Pour pouvoir vite embrasser
L'hôte de la fenêtre sur la cour.

Lorsque nous habitions en région parisienne, une fenêtre de la maison de mes grands-parents donnait sur notre cour. Lorsque j'avais envie de leur rendre visite, sans leur passer un coup de téléphone, je mettais beaucoup d'efforts à me faire remarquer par cette fenêtre, tous les moyens étaient les bons pour faire du bruit et voir mon grand-père ou ma grand-mère m'ouvrir avec le sourire pour me confirmer qu'ils acceptaient que je passe l'après-midi chez eux.

Adieu, Monsieur le professeur

Ce sont les portes de ce lycée,
Que tu as quittées il y a longtemps,
Que j'ai poussées pour me présenter
Non sans un soupir étincelant

J'ai reconnu ces quelques murs
Qu'avant de quitter tu m'as montrés
Je me suis plongé dans ce futur
Où je devais te succéder

Tu m'en avais dit tant de mots
Que je ne saurais tous redire
Des joies, des peines et des bravos
Qui te donnaient tant de sourires

Ce sont les mêmes portes que toi
Que j'ai fermées sans me dire
Que c'était la dernière fois
Que je n'aurais à y revenir

"Adieu, Monsieur le professeur"
Entends-je résonner plus tard
Les similitudes du cœur
Nous ont mené dans ces couloirs.

Durant des années, mon grand-père, professeur de cuisine, m'a emmené dans son lycée hôtelier. Je fréquentais les fourneaux et les gougères, les couteaux et les toques. Je garde encore de très nets souvenirs, dans les bras de celui qui deviendra le héros de ma vie, déambulant dans les couloirs de cet endroit géant où je me sentais comme chez moi. En deux mille vingt et un, au moment des mutations, moi-même enseignant, je suis nommé dans ce lycée. Je m'apprête à marcher dans les traces de mon grand-père et côtoyer certains collègues qu'il a lui-même fréquentés durant sa carrière, je suis honoré. Les circonstances suivantes ont fait que je n'ai fait que m'y présenter, et que ma rentrée se fit dans un autre établissement.

Une fille, une mère

Tu connais notre fierté commune
Elle est un peu blonde, un peu brune
Elle sait comment te sortir de la brume
Et s'il le faut, aiguiser sa plume

Une fille,
Une mère,
Qui brille,
Lumière.

Tu sais, j'en prends soin je crois
Du moins j'essaye autant que toi
D'être la lueur qui réchauffe son toit
D'être celui qui fait qu'elle croît

Une fille,
Lumière,
Qui brille,
Une mère.

Je sais aussi tout cet amour
Que vous vous portez depuis toujours
Ces sentiments qui vous transportent
Vous poussent à franchir tant de portes

Une mère,
Qui brille,
Une fille,
Lumière.

J'ai pu voir tant d'espoir
Tant d'envie, de courage, chaque soir
Que je ne saurais raconter une histoire
Susceptible de vous décevoir

Une mère,
Une fille,
Qui brille,
Lumière.

Une mère, une fille,
Une fille, une mère,
Une mère qui brille,
Une fille lumière.

Mon grand-père et moi avons une passion commune : sa fille, ma mère. Elle est un exemple de sagesse et de bienveillance. Nous lui avons probablement chacun peu dit notre amour, par pudeur, par retenue, mais nous nous sommes souvent dit en cachette à quel point nous l'admirions. Elle le découvre sûrement comme vous à la lecture de ces quelques lignes…

Ce soir, c'est match

Sur le canapé du salon
Deux âmes errent sans un bruit
On entend les coups dans le ballon
Après qu'on ne les voit dans la nuit

"Ce soir, c'est match !", m'avais-tu dit,
"Tu veux le regarder avec moi ?"
J'avais, évidemment, dit oui
J'adorais ce moment rien qu'à toi

Le ballon file sur le terrain
Plus vite que mes commentaires
Mais tu n'aimes pas, je le sais bien
Tu préfèrerais me voir me taire.

Mais tu ne disais jamais rien
Conscient du plaisir du moment
Tu fermais les yeux, l'air serein
Et te réveillais par moment.

Au même titre que le racontait mon petit frère dans le souvenir que je lui ai demandé d'écrire, j'ai d'excellents souvenirs, marquants, des soirées "match" avec mon grand-père. Il détestait les commentaires que l'on pouvait faire durant le match. C'était un moment sacré, à respecter en silence, mais il tolérait mes interventions, souvent naïves, je l'ai compris plus tard, par amour.

"Ça reste entre nous"

On était assis sur ce lit
De petit-fils à grand-père
Ce n'est pas un moment qu'on oublie
Ni celui dont on est fiers

J'ai vite compris ton problème
J'ai lu la détresse dans tes yeux
Que même le plus beau des poèmes
Ne pourrait emmener aux cieux

Alors j'essaye d'enjoliver
Ce souvenir bien trop marquant
Je ne pourrais jamais oublier
Ce que tu m'as dit en partant

"Je t'en supplie, ça reste entre nous
Ne dis jamais ça à personne"
Tu sais, je le garderai même à genoux
Et jusqu'à ce que mon heure sonne.

Un jour bien particulier que je me dois de garder secret, mon grand-père m'a fait cette demande "Ne dis jamais ça à personne", "Ça reste entre nous". Je me souviens de ce moment comme si c'était hier, et je crois sincèrement que je le garderai longtemps en mémoire. Au-delà du souvenir, ma parole est restée intacte. Personne n'a jamais su, et personne ne saura jamais, ce qu'il m'a confié ce jour-là, quelques mois avant de s'envoler, me laissant seul gardien de cet instant.

Sage m'en d'août

Entre farces et espiègleries
Le sage écoute et sourit
Il se satisfait d'un chant pion
Dans l'art plein des mots sillons

Quand la nuit tombe sans se faire mal
Le sage trouve bien anormal
De ne garder en sa même moire
Tous les fruits que l'on laisse poire

Alors il s'en retourne deux fois
Puis une nouvelle pour faire trois
Vers ces temps où les jeux naissent
Plus vite que la vieillesse

Tu m'as appris ces calembours
La compétition battait toujours
Tous les records de mes sages
Pour qu'au final, le car nage.

> *Parmi ceux qui ont inspiré mon écriture, mon grand-père a une énorme place. Il aimait jouer avec les mots, parfois même on ne comprenait pas ses interventions avant de les entendre plusieurs fois. Il était un modèle de jeu, un modèle d'élégance dans la maîtrise de la langue française.*

Caravane

J'ai tant de souvenirs d'orages
Derrière les vitres bien fermées
Les mains autour du visage
Pour ne pas entendre le ciel gronder

Je me souviens de ces jeux de cartes
Sur cette table trop petite
Autour d'une grande tarte
Parfois un peu trop cuite

On mangeait dans cette caravane
Pour se protéger de la pluie
Entre sable, forêt et cabane
On s'amusait de nos envies

Elle était ta fierté transmise
Sur ton lieu, ton paradis
Elle était notre terre promise
Et puis tu t'es enfui

J'ai tant de souvenirs de la caravane familiale. Quelques mètres carrés perdus dans la forêt des Landes du médoc, tout proches de l'océan qui nous offrait tant de libertés. Je me souviens de ces orages puissants durant lesquels on observait les éclairs derrière les fenêtres en plastique.

En cuisine

Promis, je n'ai pas mis de sel
Sur ma viande durant la cuisson
Et le bol est au lave-vaisselle
J'ai bien nettoyé la maison

J'ai pris l'habitude, au bol,
Que ma cuillère de bois
Ne cuisent pas dans la casserole
Comme tu le faisais toi

Je mets à droite les couteaux
Et à gauche les fourchettes
Un verre à vin, un verre à eaux
Et pour chaque entrée, une assiette

Promis, je garde les réflexes
Les souvenirs et les conseils
Et tes plats les plus complexes
Font des miens des merveilles

Promis, j'ai écouté au mieux
Pour me rappeler mes racines
Et je me plonge dans tes yeux
Lorsque je suis en cuisine

> *Avec un grand-père professeur de cuisine, on prend quelques habitudes, quelques réflexes. On finit même, je crois, par profondément aimer cuisiner en suivant les conseils qu'il a pu nous donner. Je ne peux m'empêcher lorsque je passe aux fourneaux de me rappeler tout ce qu'il disait, tous ses conseils. Mon goût de la cuisine me vient de lui, et je compte bien l'honorer comme il se doit.*

Se dire qu'on

On en a passé des soirées
À se dire tout et son contraire
À se regarder et rigoler
Entre petit-fils et grand-père

Je me souviens de ces moments
À te regarder dans les yeux
Sans en perdre un seul instant
Sans rappeler les jours pluvieux

Et dire qu'il est si difficile
De se dire qu'on…
Si seulement c'était facile
Je t'en aurais fait un poème

On en a passé des soirées
À essayer de se comprendre
À tant savoir s'apprécier
Entre rires et mots tendres

Je me souviens de chaque instant
À se regarder sans cesser
Les yeux sur nos regards d'enfants
Sur nos sentiments partagés

Et dire qu'il est si difficile
De se dire qu'on…
Si seulement c'était facile

Je t'en aurais fait un poème

On en a passé des soirées
À refaire notre monde
À partager nos pensées
Et cracher sur l'immonde

Je me souviens de ces émotions
Partagées avec fracas
Dans les hauteurs de la raison
Tu me confiais ces silences-là

Et dire qu'il est si difficile
De se dire qu'on…
Si seulement c'était facile
Je t'en aurais fait un poème

Je n'ai pas souvenir d'une grande déclaration de l'amour que je portais à mon grand-père, et réciproquement. Nous étions deux grands timides, d'une pudeur sans égal, alors nous tentions souvent de nous dire les choses par les yeux, je nous vois encore nous fixer, comme pour faire comprendre à l'autre tout l'amour qu'on se portait. Il est si difficile de se dire qu'on… s'aime.

Tant de choses

Quand la vie offre à nous humains
Le temps de croire à sa superbe
On laisse glisser sur le chemin
Les quelques souvenirs funèbres

Tant de choses se révèlent
Par la magie du partage
Tant de choses que le ciel
Appelle science des esprits sages

On s'accroche à des espoirs
Que l'on voit naître dans des cœurs
On s'attache le temps d'un soir
À la plume de nos auteurs

Tant de choses disparaissent
À la lueur de quelques mots
Lancés sans délicatesse
Dans la ferveur de nos ego

Quand la vie offre à nous humains
Le droit de crier notre chair
Il faut poursuivre le chemin
Et continuer à être fier

Il y a tant de choses que j'ai apprises de mon grand-père : le courage, le respect, la persévérance, la curiosité, la rigueur. Et il y a tant de choses que j'aurais aimé lui dire, tant de choses que j'aurais aimé partager. Tant de valeurs que je crois primordiales que j'aurais adoré pouvoir lui soumettre afin d'en connaître son avis. Alors je le fais ici, un peu comme une bouteille à la mer, parce que ce partage est vraiment représentatif de la relation que nous avions réussi à construire ensemble.

"Oh putain"

Ces derniers écrits figés
Ces derniers mots de toi
Restent comme ancrés
Comme accrochés à moi
Je les relis, tu sais,
Quand tu me manques, encore
Même si je les connais
J'en découvre le décor

Deux mots sans prétention
Devenus hymne éternel
Deux mots, une expression
Devenue message du ciel
Je les entends, tu sais
Avec ta douce voix
Même si je les connais
Parce qu'ils viennent de toi

Cette poésie cassante
Que l'on n'accepte pas
Et cette joie glissante
Qu'on redécouvre au pas
Les derniers de tes écrits
À ma destination
Et ceux que je relis
Pour me faire une raison

Le six février, un mois avant son décès, je recevais les derniers mots écrits de mon grand-père par SMS : "Oh putain!". Une douce poésie qu'il ne laissait pas échapper si souvent, en réaction à une photo de ma voiture enneigée, à Poitiers. Il était heureux de partager ce moment un peu événementiel avec son petit fils. Il n'était pas très SMS, pas très bavardages tout court, d'ailleurs, mais ce jour-là je l'avais senti impliqué et investi. Je n'ai jamais supprimé ce message.

Une glace qui coupe

Tu es ailleurs, aujourd'hui
On est à table, mais tu en doutes
Le repas est presque fini
Tout comme le mois d'août
Tu cherches devant toi
La glace qu'on t'a servie
Tu l'attrapes entre deux doigts
Et l'approche plein d'envie
Mais elle coupe, celle-ci,
Tu viens d'attraper un couteau
Que tu enfonces au ralenti
Dans ta gorge sans un mot
On t'arrête assez vite
Mais qu'est-ce qui t'arrive ?
C'est cette maladie qui t'habite
Qui fait que tu dérives
Alors on te conseille un verre
Puis on te donne ton cornet de glace
Tu as pourtant les yeux ouverts
Mais tu nous terrifies sur place
En attrapant l'huile posée là
Comme si c'était ton verre de vin
On s'inquiète, mais ton matelas
N'est plus vraiment très loin
Alors tu t'allonges pour une heure
Et on se regarde en pleurant
Quand tu nous rejoins en pleurs
Mais surtout en t'excusant
On sait le mal que tu as eu

À combattre cette maladie
Alors, ne crains pas d'être vu
Tu es le héros de cette vie.

Parkinson fait des misères à ceux qu'elle touche, c'est certain, mais elle n'est pas sans impacter ceux qui les aiment. Je me souviens de ce jour où mon grand-père confondait sa glace avec son couteau. Il prenait ce couteau, prêt à se l'enfoncer dans la gorge, convaincu qu'il tenait à la main son cône de glace. Son verre de vin était une huile bouillante, et tant d'autres événements de ce genre sont survenus. Je le vois revenir de la sieste, presque autant en pleurs que nous, en s'excusant de son comportement. C'était déchirant.

Ta chaîne

Autour de mon cou pour toujours
Trône ce bijou bien spécial
Témoin d'un indéfectible amour
Témoin du bien comme du mal

Je porte celle qui était tienne
Achetée pour avoir la même
Que la mienne, ma chaîne
Symbole de notre tandem

Je me souviens encore
De ce bijou argenté
Tu ne portais que de l'or
Mais tu voulais me ressembler

Je me souviens aussi
De ce jour trop étrange
Où l'on a compris
Que tu rejoignais les anges

J'ai, ce jour, réclamé
À récupérer ta chaîne
Pour pouvoir la porter
Comme hommage à ma peine

Je la porte plein d'amour
Réaction des plus humaines
À mon cou, nuit et jour
Ta chaîne.

Je n'ai jamais été très bijoux dans mon jeune âge, mais un jour, une chaîne argentée m'a fait envie. Cadeau de ma mère, j'étais fier de la présenter à mes grands-parents, et mon grand-père de s'exclamer, lui qui était si silencieux habituellement, qu'il adorerait avoir la même. Étonnant pour quelqu'un qui porte majoritairement des bijoux dorés. Lorsqu'il est décédé, j'ai fait en sorte de pouvoir récupérer sa chaîne. J'ai alors mis la mienne dans mon petit musée à souvenirs, et je porte la sienne autour du cou, vingt-quatre heures sur vingt-quatre, sept jours sur sept depuis ce jour. J'en suis fier.

Trois mars

C'était un jour d'anniversaire
Qui n'a rien eu de joyeux
Je voulais fêter ma grand-mère
Et j'ai dû te dire « Adieu »

J'avais bien réalisé
Depuis la veille, ton départ
Mais je n'avais pas accepté
Alors j'ai pleuré jusque tard

Tu sais, j'avais prévu ce moment
J'avais imaginé comment réagir
Ça m'a desservi dans l'instant
Où mes larmes ont voulu fuir

Tu étais un roi, mon héros,
Peut-on dire « Adieu » sans réponse
À celui dont les plus beaux mots
Sont ceux que l'on dénonce ?

Tu étais un chef, mon confident
Peut-on jamais se remettre
Du départ si soudain et franc
Des larmes qui nous ont vus naître ?

Tu étais un sage, mon ami
Un prince, mon grand-père,
Maintenant que tu es parti
Je regarde nos souvenirs, fier

Trois mars, jour d'anniversaire de ma grand-mère. Il marque aussi le jour du décès de mon grand-père. Anniversaire tristement symbolique, mais qui a permis de mettre en lumière un amour indéfectible et tant de souvenirs. J'ai perdu, ce jour, celui qui était mon héros, mon confident. Mon grand-père est la personne sur cette planète qui m'a le plus inspiré et qui m'inspire le plus. Il est le symbole de la réussite, du calme et de la sagesse. L'humour, l'appétit, le respect, il m'a appris tout ce dont j'avais besoin pour m'épanouir, il m'a tout transmis avant de s'éteindre le jour de l'anniversaire de la femme de sa vie.

Et après ?

Comment fait-on après,
Quand tu es parti pour de vrai ?
Doit-on garder nos secrets
Ou nourrir des regrets ?

Sais-tu que tu nous laisses ?
Poses-tu ta main sur nos fronts ?
Je n'y crois pas, je le confesse
Mais je l'espère, au fond...

Tu avais tant à me transmettre
Tant de conseils à me donner
Que j'aurais aimé me permettre
De pouvoir encore t'écouter

Dans un silence assourdissant
Je m'en remets à la raison
Nous ne partagerons plus un moment
Tu ne connaîtras ma maison

Dans un vacarme silencieux
J'écoute chacun de mes sens
Qui me rappellent, odieux
Combien me pèse ton absence

Comment fait-on après,
Quand tu es parti pour de vrai ?
Doit-on garder nos secrets
Ou nourrir des regrets ?

> *Après avoir perdu une personne aussi inspirante, il m'a fallu plusieurs mois pour accepter son décès. Plusieurs semaines pour ne plus relire les derniers SMS reçus, pour cesser de regarder les mêmes photos chaque jour. Et je pense qu'il me faudra une vie pour comprendre que faire après. Il y a cependant une chose dont je suis certain : honorer sa mémoire est une évidence, et c'est ce que j'espère avoir fait avec un peu d'élégance dans cet ouvrage.*

Lettre à la vie

Tu sais, souvent, je t'ai trouvée détestable.
Tu es là, avec tes grands airs de "Oui, je sais, j'ai déjà tout vu, tout vécu", et pourtant je continue de t'accorder mon temps.
Tu m'as blessé, aussi, quand tu m'as pris ceux que j'aime, ou fait croire que tu allais le faire.
Et puis il y a eu tous ces autres moments, ces rencontres, ces découvertes, ces rires, ces joies qui m'ont permis de me dire et d'accepter que tu n'étais pas le tyran que j'avais imaginé.
Tu m'as appris à relativiser, aussi, à ouvrir les yeux sur le monde qui m'entoure.
À voir qu'on est plein à souffrir, comme on peut être plein à sourire.
J'ai fait le choix d'être parmi les seconds, de ceux qui rient, qui te croquent autant de possible.
De ceux qui t'apprécient, finalement.
Alors pour tout ça, merci.

Alexis

Remerciements

Avant toute chose, j'aimerais remercier chaque lecteur de ce recueil, chacun, individuellement, contribuez à la mémoire du héros d'une vie et me permettez de faire vivre et résonner ces instants.

Je souhaite ensuite adresser à Yvette, Sandrine et Jérémy, respectivement ma grand-mère, ma maman et mon frère, de sincères remerciements, pour la rédaction de leur souvenir personnel, d'avoir accepté qu'il soit diffusé et révélé à qui le voudra, et pour tout l'amour qu'ils me portent et ont donné à mon grand-père.

Ensuite, j'aimerais remercier ceux qui m'ont aidé dans la rédaction de cet écrit, d'une quelconque façon : Angie pour le soutien quotidien et le choix de quelques souvenirs, pour les avis réguliers et certains lecteurs habituels qui m'ont donné l'envie d'aller au bout de ce projet.

Enfin, je ne peux conclure cet ouvrage sans adresser une émue pensée à celui que ces pages commémorent, celui grâce à qui je porte ce nom, celui grâce à qui je suis fier, celui grâce à qui j'aime tant les mots, celui pour qui ce livre existe : Avus Meus, mon Grand-Père, Christian Gilon, étoile parmi les étoiles, chef parmi les chefs, meilleur ami et confident, gardien des secrets et camarade de blagues.

Du même auteur

- *Déèmes, une année de poésie.* 13,99 €

"Déème" est la contraction de "défi poème". Entrez dans mon quotidien pendant un an, entre les amours, et les déceptions, les pleurs, et les rires, les départs, les adieux, les rencontres.

- *https://avusmeus.fr/*

Avus Meus est un site web regroupant mes différents écrits : poèmes, chansons, histoires, il y en a pour tous les goûts. Près de 600 textes y sont stockés.